Gerd Roellecke
Religion – Recht – Kultur
und die Eigenwilligkeit der Systeme

Schriftenreihe
der
Juristischen Gesellschaft zu Berlin

Heft 184

W
DE
G
RECHT

De Gruyter Recht · Berlin

Religion – Recht – Kultur und die Eigenwilligkeit der Systeme

Von
Gerd Roellecke

Überarbeitete Fassung eines Vortrages,
gehalten vor der
Juristischen Gesellschaft zu Berlin
am 9. Mai 2007

W
DE
G
RECHT

De Gruyter Recht · Berlin

em. Professor Dr. *Gerd Roellecke,*
Universität Mannheim

∞ Gedruckt auf säurefreiem Papier,
das die US-ANSI-Norm über Haltbarkeit erfüllt.

ISBN 978-3-89949-454-9

Bibliografische Information der Deutschen Nationalbibliothek

Die Deutsche Nationalbibliothek verzeichnet diese Publikation in der Deutschen
Nationalbibliografie; detaillierte bibliografische Daten sind im Internet über
http://dnb.d-nb.de abrufbar.

© Copyright 2007 by De Gruyter Rechtswissenschaften Verlags-GmbH, D-10785 Berlin

Printed in Germany

Satz DTP Johanna Boy, Brennberg
Druck Mercedes-Druck GmbH, Berlin
Buchbinderische Verarbeitung: Industriebuchbinderei Fuhrmann GmbH & Co. KG, Berlin

Als das Bundesverfassungsgericht entschieden hatte, das Anbringen eines Kreuzes oder Kruzifixes in den Unterrichtsräumen einer staatlichen Pflichtschule verletze die Glaubensfreiheit (Art. 4 Abs. 1 GG)[1], fragte ein Zivilrechtskollege: Hätte das Gericht die Kreuze nicht als kulturelle Zeugnisse verstehen können? Er meinte damit, dann hätte sich das Problem der Religionsfreiheit erledigt und die Kreuze hätten hängen bleiben dürfen. Kulturelle Zeugnisse muss jeder anerkennen. In ihnen drückt sich Menschlichkeit aus. Sie künden von Geschichte und von den Möglichkeiten menschlichen Lebens. Zugleich sind sie Tatsachen. Ihnen gegenüber gibt es so wenig Glaubensfreiheit wie gegenüber Geschichte überhaupt, obwohl geschichtliche Ereignisse schon zu Glaubensfragen stilisiert worden sind, wie die Schöpfungs-Debatte zeigt. Jene voluminösen eiszeitlichen Venusfiguren, denen man in „Geschichten der Kunst" begegnet, mögen religiöse Funktionen gehabt haben. Vielleicht sollten sie die Fruchtbarkeit fördern. Aber das stört uns nicht. Für uns sind sie Kultur, allerdings eine zutiefst fremde. Religion ändert also ihren Charakter, wenn man sie als Kultur betrachtet, und das wirkt sich auf die Religionsfreiheit aus. Deshalb wird zunächst der Sinn von Kultur erörtert (I.). Dann sind die Probleme zu diskutieren, die sich ergeben, wenn man mit Religion direkt argumentiert, also ohne Bezugnahme auf Kultur (II.). Dabei wird es sich als notwendig erweisen, die Zumutbarkeit der Belastung von religiösen Überzeugungen und die religiöse Neutralität des Staates zu erörtern (III.). Schließlich ist das Verhältnis von Recht und Religion näher zu klären, indem Religion auf die Gesellschaft bezogen wird (IV.).

I. Kultur als Neutralisierungsfaktor

Jener Zivilrechtskollege wird freilich nicht an eiszeitliche Statuetten gedacht haben, sondern an die Entscheidungen des Bundesverfassungsgerichtes zur christlichen Gemeinschaftsschule.[2] Darin hat das Gericht die Einführung christlicher Bezüge in den Unterricht an einer öffentlichen Volksschule ausdrücklich mit der Begründung für verfassungsmäßig erklärt: „Die Bejahung des Christentums in den profanen Fächern bezieht sich in erster Linie auf

---

1 BVerfGE 93, 1; dazu Winfried Brugger/Stefan Huster (Hrsg.), Der Streit um das Kreuz in der Schule. Zur religiös-weltanschaulichen Neutralität des Staates, Baden-Baden 1998; jüngst Karl-Heinz Ladeur/Ino Augsberg, Toleranz – Religion – Recht, Tübingen 2007.

2 BVerfGE 41, 29 (Baden-Württemberg); 41, 65 (Bayern); 41, 88 (Nordrhein-Westfalen).

die Anerkennung des prägenden Kultur- und Bildungsfaktors, wie er sich in der abendländischen Geschichte herausgebildet hat, nicht auf die Glaubenswahrheit und ist damit auch gegenüber dem Nichtschristen durch das Fortwirken geschichtlicher Gegebenheiten legitimiert. Zu diesem Faktor gehört nicht zuletzt der Gedanke der Toleranz für Andersdenkende".[3] Das Gericht meint also, das Christentum müsse ähnlich betrachtet werden wie eine eiszeitliche Venusfigur. Aber es sieht, dass wir das befremdete Interesse, mit dem wir die Venusfigur wahrnehmen, im Falle des Christentums nicht aufbringen können. Deshalb hat es die Distanz, die sich im Falle der Venusfigur aus dem zeitlichen Abstand und aus der Andersartigkeit der Kultur ergibt, für das Christentum durch eine normative Leistung ersetzt, durch Toleranz. Damit befindet es sich in der besten aufklärerischen Tradition. Lessing lässt seinen „Nathan" erkennen, dass die drei großen monotheistischen Religionen ihren universalen Wahrheitsanspruch gegenseitig in Frage stellen und dass eine Einigung zwischen ihnen nur auf der Ebene des allgemein Menschlichen möglich ist. Bei Lessing sind letztlich alle Menschen Brüder, und zwar nicht nur im übertragenen Sinne, sondern buchstäblich verwandt. Das Bundesverfassungsgericht formuliert das gleiche Prinzip moderner. Bei der prägenden Kraft christlichen Denkens gehe es „nicht um den Absolutheitsanspruch von Glaubenswahrheiten, sondern um das Bestreben nach Verwirklichung der autonomen Persönlichkeit im weltanschaulich-religiösen Bereich".[4]

Die Probleme der Toleranz werden noch zu erörtern sein. Zunächst geht es um die Einstufung der Religion als Kultur. Diese Einstufung ist vom religiösen Standpunkt aus gesehen höchst unerfreulich. Kultur zersetzt Religion in ihrem Wesen, weil sie die Wahrheit des Glaubens nicht einmal als Möglichkeit anerkennt. Sie lässt zwar alle religiösen Inhalte, Rituale und Texte unberührt, erkennt sie in ihrer Religiösität aber nicht an, glaubt sie nicht. Wenn man Religion als Kultur versteht, wird Religion kontingent, zufällig. Im noch weitgehend religiös homogenen Westen wird das hingenommen, wenngleich Streitigkeiten über das Tragen religiöser Kennzeichen und religiös motivierter Terrorismus erste Zeichen grundlegender Differenzen sind.[5] Aber noch gilt: Im Westen hat man sich in hunderten von Jahren an fundamentale Widersprüche gewöhnt, an den dreieinigen Gott oder an die Unterscheidung zwischen

---

3 BVerfGE 41, 29, 52. Auf die zentrale Rolle der Kultur in diesen Entscheidungen hat bereits Winfried Brugger, Zum Verhältnis von Neutralitätsliberalismus und Kommunitarismus, in: Brugger/Huster, Kreuz (Fn. 1) S. 109, 111, aufmerksam gemacht.

4 BVerfGE 41, 29, 52.

5 Vgl. Ladeur/Augsberg, Toleranz (Fn. 1) besonders S. 59 ff.

geistlicher und weltlicher Herrschaft. Deshalb gibt man sich zufrieden, wenn fundamentale Differenzen in Glaubensfragen mit einem dünnen Firnis von Kultur unsichtbar gemacht werden.

Wenn allerdings zutiefst verschiedene Traditionen aufeinander stoßen, werden Bekenntnisse zu Identitäten und dann kann es ohne Rücksicht auf Verluste krachen. So berichtet die australische Kulturgutschutzexpertin Lyndel V. Prott[6], amerikanische Eingeborenenstämme glaubten, Geräte in rituellem Gebrauch würden entheiligt, wenn man sie in einem Museum ausstelle. Solche Geräte müssten in einen Fluss geworfen und dürften nicht länger benutzt werden. Wenn Religion in diesem Sinne vergegenständlicht wird, lässt sie sich nicht mehr über Kultur neutralisieren. Dann stiftet vielmehr schon der Versuch der Neutralisierung Feindschaft. Im Hinblick auf solche tief sitzenden Traditionen wird man vielmehr sagen müssen: Kultur als Neutralisierungsfaktor ist selbst eine Tradition, nämlich eine westliche.

Um das zu verstehen, muss man sich vergegenwärtigen, dass sich der Begriff von Kultur als Neutralisierungsfaktor erst gegen Ende des 18. Jahrhunderts entwickelt hat.[7] Das Wort ist natürlich viel älter. Als „Pflege von …" wie in „Agricultur" hat es antike Wurzeln. Aus „Pflege von …" entwickelte sich eine zweite Bedeutung: Kultur als feine Lebensart oder Bildung.[8] Aber das genügte in der Neuzeit nicht mehr. Vom 16. bis zum 18. Jahrhundert entstand im Gefolge der Reformation ein Problem, das einen neuen, universalen Ordnungsbegriff verlangte. Die sakralen Vorbilder verblassten. Das Meisterliche verlor seine Verbindlichkeit. Das Gute schnurrte auf den guten Willen zusammen. Die Wissenschaft verselbständigte sich im Namen der Wahrheit. Die überkommenen Muster der Bindung von Politik verbrauchten sich. Diese schleichende Auflösung der alten Vorstellungen erzeugte eine Leere, die dazu zwang, genauer zu beobachten und nach einem merkwürdigen Kriterium zu unterscheiden, nach interessant und uninteressant. Was interessant war, durfte aber nicht vom Geschmack des Beobachters abhängig gemacht werden. Denn mit dem Verfall der ständischen Ordnung verfiel auch die tonangebende

---

6 The International Legal Protection of the Cultural Heritage, in: Frank Fechner/ Thomas Oppermann/Lyndel V. Prott (Hrsg.), Prinzipien des Kulturgüterschutzes, Berlin 1996, S. 297, 303.

7 Die Ausführungen dieses Abschnittes folgen im wesentlichen Niklas Luhmann, Kultur als historischer Begriff, in: derselbe, Gesellschaftsstruktur und Semantik Band 4, Frankfurt a. M. 1995, S. 31 – 54; derselbe, Die Kunst der Gesellschaft, Frankfurt a. M. 1995, S. 341 ff.; speziell für die Religion derselbe, Die Religion der Gesellschaft, hrsgg. von André Kieserling, Frankfurt a. M. 2000, S. 309 ff.

8 Näher Wilhelm Schneemelcher, Art. Kultur I. und II., EvStL, 3. Aufl. Stuttgart 1987, Sp. 1911 – 1915.

Schicht. Entscheidend wurde das Fremdartige, Seltsame, Exotische. Je absonderlicher und je weiter entfernt, desto interessanter. Diese Einstellung schloss ein, dass die gesamte Gesellschaft in die Beobachtung einbezogen wurde und dass alles als vergleichswürdig galt. So konnte man in den gegensätzlichsten Verhältnissen Ähnlichkeiten entdecken und in größten Ähnlichkeiten Unterschiede. Welche Möglichkeiten des Wahrnehmens, Lernens und Experimentierens sich daraus ergaben, ist kaum abzuschätzen. Man kann sich freilich auch das Ausmaß an Desillusionierung, Enttäuschung, Zerstörung und Schmerz nicht ausmalen, das mit der Eröffnung des unendlichen Vergleichens verbunden war. Die Nachteile konnte man nicht sehen.[9] Denn der Vergleich tastete die Existenz der Gegenstände ja nicht an. Er verdoppelte nur alle Phänomene.[10] Er nahm sie, wie sie waren, und sah sie gleichzeitig im Verhältnis zu anderen Phänomenen. Das nahm allen Phänomenen den Hauch von Einzigartigkeit. Dieser auf Kommunikation und Gleichheit angelegte Vergleich hat zu der Lexikon-Definition geführt: Kultur ist die „Gesamtheit der von einer bestimmten Gemeinschaft auf einem bestimmten Gebiet während einer bestimmten Epoche geschaffenen, charakteristischen geistigen, künstlerischen, gestaltenden Leistungen".[11]

Religion als Kultur zu betrachten, ist nur vom Standpunkt des außenstehenden, eigentlich desinteressierten Beobachters aus möglich. Dieser Standpunkt erleichtert zwar die juristische Argumentation, führt aber auch in schwierige Probleme. Offensichtlich begünstigt er den Status quo und damit die traditionellen, herkömmlichen Formen der Religion.[12] Neue und fremdartige Formen werden benachteiligt. Um möglichen Benachteiligungen vorzubeugen, meinte das Bundesverfassungsgericht, verstärkt auf das Selbstverständnis der Religionen abstellen zu müssen.[13]

---

9 Einer hat sie aber jedenfalls gesehen: Karl Marx im Kommunistischen Manifest.

10 Luhmann, Religion (Fn. 7) S. 311.

11 Duden, Deutsches Universalwörterbuch, 4. Aufl. Mannheim 2001, S. 972.

12 Vgl. BVerfGE 12, 1, 4: „Das Grundgesetz hat nicht irgendeine, wie auch immer geartete freie Betätigung des Glaubens schützen wollen, sondern nur diejenige, die sich bei den heutigen Kulturvölkern auf dem Boden gewisser übereinstimmender sittlicher Grundanschauungen im Laufe der geschichtlichen Entwicklung herausgebildet hat."

13 BVerfGE 24, 236, 247 f.; zum Kriterium des Selbstverständnisses vgl. Martin Heckel, Religionsfreiheit und Staatskirchenrecht in der Rechtsprechung des Bundesverfassungsgerichtes, in: Peter Badura/Horst Dreier (Hrsg.), Festschrift 50 Jahre Bundesverfassungsgericht Zweiter Band, Tübingen 2001, S. 379 – 420, 401 ff.; Hans Michael Heinig und Martin Morlok, Von Schafen und Kopftüchern, JZ 2003 S. 777, 779.

Aber damit war das Abgrenzungsproblem in Wirklichkeit nicht gelöst, sondern nur verdrängt. Bei Streitigkeiten zwischen Religionen oder zwischen Bürgern aus religiösen Gründen kann das religiöse Selbstverständnis ohnehin nichts entscheiden. Und an der Grenze zwischen Religion und Nichtreligion taucht das Problem wieder auf. Dort stehen die Areligiösen und verlangen die Berücksichtigung ihres Unverständnisses. Der Grund für die Unzulänglichkeit des Kriteriums „Selbstverständnis" ist der universale Anspruch, mit dem jede Religion auftreten muss, wie noch zu zeigen ist. Im Falle des Geistigen Rates der Bahá'í hat das Gericht denn auch erklärt, eine Gruppierung könne sich nur auf die Religionsfreiheit berufen, wenn sie tatsächlich nach geistigem Gehalt und äußerem Erscheinungsbild eine Religion und Religionsgemeinschaft sei.[14] Da ist er wieder, der prägende Kultur- und Bildungsfaktor der abendländischen Geschichte, wenn auch viel weicher gezeichnet.

Kultur zieht eben alles in ihren Sog. Man kann sich kaum gegen sie wehren. Das lässt sich gut am Kulturprotestantismus[15] zeigen, der versucht hat, die aufgeklärte „Welt" mit dem Christentum zu versöhnen. Der Kulturprotestantismus setzt eine Verschiedenheit von Religion und gelebter Kultur voraus. Aber die Unterscheidung zwischen Kultur und Religion gleicht nicht nur der Unterscheidung zwischen Menschen und Frauen, sie ist eine Unterscheidung der Religion selbst. Wenn man nun Religion als Kultur begreift, wird die religiöse Unterscheidung zwischen Religion und Kultur selbst Kultur, und es ist nicht zu sehen, wie die Religion der Krake Kultur entkommen könnte. Was vom religiösen Standpunkt aus bleibt, ist die Selbstvergewisserung der Religion in dieser Welt.[16]

Solange sich die Selbstvergewisserung in gewohnten Traditionen vollzieht, stört sie kaum. Sie kann als Teil einer Bewegung zur Modernisierung der Gesellschaft wahrgenommen werden. Das Bild ändert sich aber sofort, wenn man die Unterscheidung zwischen Religion und Kultur in einer anderen Kultur beobachtet. Dafür bieten die Überlegungen ein bemerkenswertes Beispiel, die der ägyptisch-schweizerische Islamwissenschaftler Tariq Ramadan[17] zum Euro-Islam entwickelt hat. Ramadan geht es um das

---

14 BVerfGE 83, 341, 353.

15 Vgl. Schneemelcher, Art. Kultur III B Kulturprotestantismus, (Fn. 8), Sp. 1911, 1922; Hermann Lübbe, Religion nach der Aufklärung, Graz/Wien/Köln 1986, S. 284.

16 Vgl. das Resümee von Schneeemelcher, Kulturprotestantismus (Fn. 8) Sp. 1927.

17 „Ihr bekommt die Muslime, die ihr verdient". Euro-Islam und muslimische Renaissance, Blätter für deutsche und internationale Politik 2006 S. 673 – 685. Die Redaktion der Zeitschrift nennt Ramadan „umstritten". Angesichts der Qualität seiner Argumentation hält ihn der Verfasser eher für repräsentativ.

Zusammenleben von Muslimen und Nichtmuslimen in Europa oder – wie er schreibt – „um die Hauptsorgen der europäischen Muslime".[18]

Ramadan setzt voraus, dass es nur einen Islam auf der Welt gibt, mit einem Gott, mit dem Koran als dem „offenbarten, authentischen Wort Gottes" und mit der Überlieferung der Propheten. Die Vielfalt der Muslime ergebe sich in einer ersten Ebene aus unterschiedlichen Auslegungen der islamischen Quellen. In einer zweiten Ebene aus den unterschiedlichen Kulturen, auf welche die Muslime trafen, als sich der Islam ausbreitete. Deshalb gebe es einen arabischen, türkischen, indonesischen, afrikanischen und europäischen Islam. Die dritte Ebene der Vielfalt folge aus der Binnendifferenzierung der europäischen Kultur in Nationen. So gebe es französische, englische und deutsche Muslime. Das bedeutet, die heutige Ausbreitung des Islam in Europa wird in einer Reihe mit der Ausbreitung des Islam in Nordafrika vor mehr als tausend Jahren gesehen. Das berührt nicht etwa Souveränitätsprobleme, sondern folgt aus dem Grundsatz: Ein Islam, mehrere Kulturen. Denn „indem wir [die Muslime] nach Europa kommen und uns hier niederlassen, werden wir zu europäischen Muslimen. Um islamische Grundsätze und europäische Kultur miteinander verbinden zu können, mussten wir zunächst vor allem eines lernen: Kultur und Glaubensregeln auseinanderzuhalten". Nur wenn man zwischen Kultur und Glaubensregeln unterscheide, könne man erkennen, „worin die islamischen Grundsätze wirklich bestehen". Das sei besonders wichtig für die Diskussion um die Rolle der Frau: „Der Islam hat kein Frauenproblem, wohl aber manche Muslime. Nehmen wir eine türkische Familie, eine arabische, eine marokkanische oder eine ägyptische, irgendeine Familie aus irgendeiner unserer Herkunftskulturen. Überall sehen wir: Es gibt eine Art, mit den Töchtern umzugehen, und eine Art des Umgangs mit Söhnen. Manche Rechte räumen wir unseren Söhnen ein, unseren Töchtern aber nicht. Liegt das am Islam oder an der Kultur?" Ramadans Antwort ist eindeutig. Es liege an der Kultur. Zwar gebe es einen Koranvers, der besage, dass man eine Frau schlagen dürfe. Aber den habe die islamische Forschung längst in den Kontext der Entwicklung des Gläubigen gestellt, die auf die Einsicht abziele, dass Gott zwischen Mann und Frau Liebe und Zärtlichkeit gestiftet habe. Und der Prophet habe nie eine Frau geschlagen.

Bemerkenswerterweise scheint Ramadan die Unterscheidung zwischen Kultur und Religion aufzugeben, als er auf das Verhältnis des Islam zu Recht und Demokratie und auf das islamische Bildungswesen zu sprechen kommt. Das scheint auch einem Gebot der Logik zu entsprechen. Denn

---

18 Euro-Islam (Fn. 17) S. 674. Die wörtlichen Zitate auf dieser und der nächsten Seite sind alle diesem Aufsatz entnommen.

nach europäischer Überzeugung sind Recht, Demokratie und Erziehungswesen gerade nicht Religion. Also müsste Ramadan sie unter „Kultur"
abhandeln und als Verhältnis von Islam und Kultur darstellen. Letztlich
tut er das auch. Aber er wechselt den Standpunkt. Zur Rolle der Frau
argumentiert er wie ein außenstehender Beobachter, der zwischen Religion
und Kultur vermitteln will, zu Recht, Demokratie und Erziehungswesen
argumentiert er als betroffener Muslim, der fragt, ob die Kultur, in der er
lebt, mit seiner Religion verträglich ist, eine Frage, die er im wesentlichen
bejaht.

Aber das alles wird mit einem Schlag zur Oberfläche, als Ramadan
auf den Karikaturenstreit zu sprechen kommt. Angesichts dieses Streites
entfällt die Unterscheidung zwischen Religion und Kultur. Man hört
nur noch den Muslim, und zwar in einem Ton, wie wir ihn zuletzt in
Herbert Marcuses „Repressiver Toleranz"[19] vernommen haben: „Ihr wollt
eine pluralistische Gesellschaft, Ihr seid weltoffen – aber das alles nur in
Eurem geistigen Ghetto. Jeder von uns lebt in einem Ghetto – einem
intellektuellen Ghetto, einem Glaubensghetto, einem kulturellen Ghetto.
Wie alle sagen: ‚Ich bin doch offen für alles!' Aber die Türen sind zu".[20]
Das bewegt, weil es stimmt. Die Religion hat die Kultur eingeholt. Wir
befinden uns gleichsam auf der Ebene der Völkerkunde.

Die größte Schwierigkeit ist freilich, dass Kultur Vergleiche, aber
keine religionsinternen Abgrenzungen erlaubt. Unter dem Aspekt der
Unterscheidung zwischen den Religionen zwingt Kultur die Religionen,
sich wie Nationen unter Berufung auf ihre Identität[21] selbst gegeneinander
abzugrenzen. Für diese Abgrenzung gibt es dann tatsächlich kein anderes
Kriterium als das „Wir sind wir". Das Verfahren ist, sich mit dem Rücken
an die Wand zu stellen und die eigene Religion mit der eigenen Existenz zu
identifizieren. Dann wird Religion als solche polemogen, streiterzeugend,
und eine Quelle für Religionskriege.

Damit sind wir in die Situation vor Aufklärung und Toleranz zurück-
verwiesen. Kultur, das große, allesüberwältigende Kommunikationsmedium
hat die Konflikte zwischen menschlichen Gruppen nicht beseitigt, sondern
nur die Gruppierungen verschoben und ihnen eine andere Form gegeben,
und zwar eine ziemlich harte. Ramadans Bild von den verschlossenen
Türen spiegelt einen wichtigen Gesichtspunkt wider. Kultur betrifft
einen Bereich, in dem man sich nicht oder kaum kennt und trotzdem

---

19 In: Robert Paul Wolff/Barrington Moore/Herbert Marcuse, Kritik der
reinen Toleranz, 4. Aufl. Frankfurt a. M. 1968, S. 91 – 128.

20 Euro-Islam (Fn. 17) S. 685.

21 Dazu grundsätzlich Arnd Uhle, Freiheitlicher Verfassungsstaat und kulturelle
Identität, Tübingen 2004.

miteinander umgehen muss, etwa in der Öffentlichkeit. Darf ein Mann eine Frau auf der Straße grüßen oder ist das Grüßen grundsätzlich eine unziemliche Annäherung? Das ist ein Problem der Kultur. Es muss ohne Diskussion und Kompromisse durch vertrauenspendende, langjährige Übung gelöst werden, weil es schon im vorsprachlichen Raum entsteht. Wer die Regeln nicht kennt oder nicht versteht, gehört nicht dazu. Er steht in der Tat vor verschlossenen Türen. [22]

Unter diesen Umständen ist freilich noch einmal zu fragen, wie Kultur in der Frühaufklärung zum anspruchsvollen Vergleichsmedium werden konnte. Der Verfall der ständischen Ordnung war sicher der wichtigste Grund. Er erklärt aber nicht, wie die europäische Kultur Einfluss in der ganzen Welt gewinnen konnte. Auch auf diese Frage gibt es mit Sicherheit mehrere Antworten. Eine ist, dass sich die moderne Gesellschaft, die in Europa die ständische Gesellschaft abgelöst hat, an der Erfüllung gesellschaftlicher Grundaufgaben orientiert und dadurch an Problemlösungsfähigkeit gewonnen hat. Eine weitere steckt aber im Kulturvergleich selbst. Jeder kulturelle Vergleich enthält eine Wertung und deshalb ein Risiko. Er kann die eigene Position als minderwertig erscheinen lassen und dadurch das eigene Selbstbewusstsein bedrohen. Dieses Risiko kann man für beide Seiten vermindern, wenn man mit dem Vergleich Selbstachtung auf Gegenseitigkeit, also Fremdachtung signalisiert. Auf diese Weise gilt von vornherein als gleichwertig, was auch immer verglichen wird. Die moralische Komponente erleichtert deshalb den kulturellen Vergleich ungemein. Aber den Unterschied zwischen „Wir" und „Ihr" kann sie ebenso wenig aufheben wie die Unterschiede in den „Produktionsverhältnissen" einebnen. Und diese Unterschiede wirken sich doch aus, wenn nicht auf die Moral, dann wenigstens auf ihre Geltendmachung.

II. Religion direkt

Kultur ist also ambivalent. Deshalb ist die Kruzifix-Entscheidung[23] für unseren Zusammenhang besonders interessant, weil sie nicht mit Kultur argumentiert. Die Begründung zitiert zwar ausgiebig die Entscheidung zur christlichen Gemeinschaftsschule und stimmt dem Satz zu, dass ein Nichtchrist die kulturprägende Wirkung des Christentums anerkennen müsse, nicht dagegen die Glaubenswahrheiten der christlichen Religion.

---

22 Das alles ist nicht unproblematisch. Näher Dirk Baecker, Form und Formen der Kommunikation, Frankfurt a. M. 2005, S. 91 – 98.

23 BVerfGE 93, 1.

Aber dann erklärt die Begründung das Kreuz zum christlichen Glaubenssymbol schlechthin. In der Schule erscheint das Kreuz daher nicht mehr als Zeugnis der Kultur, sondern wie eine Glaubenswahrheit, der sich ein nichtchristlicher Schüler nicht auszusetzen braucht.

Man fragt sich allerdings, woher das Bundesverfassungsgericht seine Interpretation nimmt. Wenn man das Kulturkonzept verfolgt, ist die Antwort klar: aus der Geschichte und aus der Schule. Der Schulunterricht sollte kulturelle Kenntnisse vermitteln, und Religion ist Kultur. Über die Praxis des Religionsunterrichtes an den deutschen Schulen brauchen wir jedoch nicht zu reden. Denn das Bundesverfassungsgericht lehnt in der Kruzifix-Entscheidung das Kulturkonzept überhaupt ab und damit jeden Vergleich. Implizit übernimmt es den Standpunkt der beiden großen christlichen Konfessionen, indem es aus dem Stichwort „Kreuz" des katholischen Lexikons für Theologie und Kirche und des evangelischen Kirchenlexikons zitiert.[24] Die Aussagen des Stichwortes behandelt es wie Zeugenaussagen als Beweismittel. Das Gericht folgt also der eigenen Rechtsprechung und der herrschenden Lehre und knüpft an das religiöse Selbstverständnis der beiden großen christlichen Konfessionen an.

Aber im Kruzifix-Fall musste das Prinzip versagen. Die beiden Lexika waren konfessionsgebunden und für Nichtgläubige keine selbstverständlichen Autoritäten. Aus diesem Grund konnten sie über die Bedeutung des Kreuzes für Schüler nichts Verbindliches aussagen. Das Bundesverfassungsgericht durfte die Ansicht der Lexika deshalb nicht ungeprüft übernehmen, zumal es offenkundig eine nichtchristliche Geschichte und Interpretation des Kreuzes gibt. Darauf hat besonders der Heidelberger Theologe Klaus Berger[25] aufmerksam gemacht. Säkular gesehen sei das Kreuz ein Bild-Zitat aus den Kreuzigungsberichten der Evangelien. Die Kreuzigung Jesu sei eine historische Wahrheit und von keinem Historiker je bestritten worden. Als historisches Bild-Zitat sei das Kreuz Dokument und Symbol eines Justizskandals, eines – wörtlich – „antiken Antisemitismus", einer besonderen Grausamkeit des Strafens und insgesamt ein Stück Katastrophenerbe der Menschheit. Das alles sei nachprüfbar Geschichte, nicht Religion, Ethik oder Transzendenz. Geschichtlich sei das Kreuz kein religiöses Symbol, sondern ein Symbol für das, was wir anrichten: „Wer solche Erinnerungszeichen, wenn sie einmal bestehen, beseitigt, verhöhnt die Opfer. Wer Gedenkzeichen des Unrechts beseitigt, setzt sich selbst ins Unrecht". Berger sieht also zunächst von allen religiösen Bezügen ab, knüpft an das historische Ereignis „Kreuzigung" an, fragt, was das Kreuz

---

24 BVerfGE 93, 1, 19.
25 Das Kreuz als öffentliches Symbol, in: Brugger/Huster, Kreuz (Fn. 1) S. 155, 166.

vor dem Hintergrund dieses Ereignisses bedeutet und kommt zu dem Ergebnis: etwas Ähnliches wie die Holocaust-Gedenkstätte in Berlin.

Das heißt nicht, dass Berger einem religiösen Symbol seinen religiösen Inhalt genommen und es als rein kulturelles Zeichen, also nur unter dem Aspekt der Vergleichbarkeit verstanden hätte.[26] Wie gezeigt, minderte solch eine kulturvergleichende Betrachtungsweise in der Tat den religiösen Gehalt. Aber Berger geht es nicht um eine Art „Säkularisierung", sondern um eine völlig andere Perspektive. Er nimmt das Kreuz rein als historisches Ereignis etwa wie die antiken olympischen Spiele und legt die Frage nahe: Was lernen wir daraus? Das hat mit Religion wirklich nichts zu tun. Es setzt nur voraus, dass Kreuzigungen so zu beobachten waren wie der Kölner Dom zu beobachten ist. Das ist ein einfacher, alltäglicher Perspektivenwechsel, den jeder nachvollziehen kann.

Man könnte freilich fragen, ob die Kritik Bergers angemessen ist. Einmal sei die antike Judenfeindlichkeit nicht das Gleiche wie moderner Antisemitismus. Das ist wahr. Rassismus ist ein Produkt des 19. Jahrhunderts. Aber kommt es vor dem „Katastrophenerbe der Menschheit" auf die Gründe für die einzelnen Katastrophen an oder auf die Verursacher oder auf die Schuldigen oder gar auf Quantitäten? Pilatus hat wahrscheinlich weniger Juden umbringen lassen als Hitler. Entlastet ihn das? Berger meint mit Recht, solche Fragen müsse das Kreuz als historisches Symbol Christen wie Nichtchristen und Nichtgläubigen stellen dürfen.

Zum anderen könnte man Berger entgegen halten, schließlich wisse jeder, was gemeint sei. Dass das Kreuz ein Symbol des Christentums ist, sei fest im kollektiven Bewusstsein verankert. Das mag sein. Aber das Bundesverfassungsgericht hat sich nicht auf ein „Publikum", auf die öffentliche Meinung oder auf demoskopische Umfragen berufen, sondern auf offiziöse Verlautbarungen der großen Konfessionen, und das aus gutem Grund. Die Religionsfreiheit hat bewirkt, dass die Interpretation religiöser Symbole nicht mehr ohne weiteres verallgemeinert werden kann. Sie zwingt zu der Vermutung, dass jeder Mensch seine eigene Religion und seine eigenen Interpretationen hat. In dieser Lage kann man schlecht Mehrheiten unterstellen, noch nicht einmal feststellen. Insofern ist die Kritik Bergers am Kruzifix-Beschluss im Wesentlichen berechtigt.

Freilich geht es uns nicht um falsch oder richtig einer Entscheidung, sondern generell um das Verhältnis von Religion und Recht. Berger[27] meint im Anschluss an Martin Heckel, über die Bedeutung des Kreuzes

---

26 Dazu Ladeur/Augsberg, Toleranz (Fn. 1) S. 112, mit einem anderen Ergebnis als hier, weil beide Autoren die Möglichkeit bestreiten, in der Schule klar zwischen religiöser und historischer Perspektive zu unterscheiden.

27 Brugger/Huster, Kreuz (Fn. 1) S. 170.

im religiösen Sinne könne nicht das Recht, sondern nur die Religion entscheiden. Das ist offenkundig richtig, wirft aber die Frage auf, wie sich das Recht religiösen Bedeutungen nähern kann. Bergers Antwort, das Bundesverfassungsgericht hätte über die religiöse Bedeutung des Kreuzes durch Befragung von Kirchenvertretern oder Universitätstheologen Beweis erheben müssen, befriedigt nicht. Sie vernachlässigt die Differenz zwischen Religion auf der einen und Kirche und Theologie auf der anderen Seite und drängt die Religion in die Position einer bloßen Sache. Vor allem bleibt offen, wie das Recht die religiösen Aussagen als solche verstehen kann. Durch die Entkoppelung von Recht und Religion ist das Recht religiös unmusikalisch geworden. Unter dem Aspekt des Verhältnisses zwischen Recht und Religion ist es auch gleichgültig, ob das Gericht aus kirchlichen Lexika zitiert oder Kirchenvertreter als Sachverständige vernimmt. Wesentlich ist, ob es seine Entscheidung auf religiöse Aussagen stützen darf. Nach einhelliger Lehre[28] darf es das nicht. Die am häufigsten zu hörende Begründung, um der Religionsfreiheit willen müsse der Staat religiös neutral bleiben, ist allerdings fragwürdig.

Das Neutralitätskonzept ist eine Folge der Entkoppelung von Religion, Recht und Politik ungefähr seit der Reformation.[29] Die Entkoppelung bedeutete negativ, dass die drei großen gesellschaftlichen Subsysteme einander fremd wurden, sich nicht mehr verstanden und nicht mehr gegenseitig ersetzen konnten, und positiv, dass sie ihre gesellschaftlichen Funktionen immer reiner und optimaler entfalten konnten, das Recht die Erwartungssicherung, die Politik die Herstellung und Durchsetzung kollektiv bindender Entscheidungen und die Religion – darauf kommen wir zurück – die Sicherstellung der gesellschaftlichen Kommunikation trotz ihrer fundamentalen Widersprüche und Paradoxien.[30] Damit die Religion diese Funktion erfüllen kann, müssen religiöse Aussagen mit universalen Ansprüchen auftreten, also alle Menschen in Gespräche verwickeln

An der gesellschaftlichen Kommunikation ist aber auch die Politik interessiert. Die Politik neigt deshalb dazu, in den religiösen Bereich

---

28 Statt vieler Stefan Huster, Die religiös-weltanschauliche Neutralität des Staates. Das Kreuz in der Schule aus liberaler Sicht, in: Brugger/Huster, Kreuz (Fn. 1) S. 69 – 108; Karl-Heinz Ladeur/Ino Augsberg, Der Mythos vom neutralen Staat, JZ 2007 S. 12 – 18.

29 Vgl. Rüdiger Bubner, Zur Dialektik der Toleranz, in: derselbe, Drei Studien zur politischen Philosophie, Heidelberg 1999, S. 47; Gerd Roellecke, Die Entkoppelung von Recht und Religion, JZ 2004 S. 105 – 110; Ladeur/Augsberg, Toleranz (Fn. 1) S. 18 ff. Wichtige Einsichten bei Hermann Lübbe, Religion nach der Aufklärung, in: Trutz Rendtorff (Hrsg.), Religion als Problem der Aufklärung, Göttingen 1980, S. 165 – 184, bes. unter I.

30 Luhmann, Religion (Fn. 7) S. 132.

einzugreifen. Mit der Entkoppelung mussten daher Verbindungen zwischen Religion auf der einen und Recht und Politik auf der anderen Seite geschaffen werden, die Beziehungen ermöglichten, aber eine gegenseitige Überwältigung ausschlossen. Als eine solche Verbindung galt zunächst Toleranz. Toleranz kann man jedoch nicht fordern. Deshalb wurde sie später zur Neutralität der Politik formalisiert. Die Politik musste ihre „Toleranz" dadurch zeigen, dass sie zu allen Religionen auf die gleiche Distanz ging. Das war kontrollierbar. Deshalb konnte in dieser Form die Einhaltung der Religionsfreiheit eingeklagt werden.

Diese Verschränkung von Toleranz und Neutralität haben Karl-Heinz Ladeur und Ino Augsberg[31] jüngst vernichtend kritisiert. Toleranz dämpfe Konflikte nur bei Gegenseitigkeit. Sie habe insofern eine totalitäre Seite als sie diejenigen, die sich dem Toleranzgeschäft verweigerten, von vornherein ausschließe und ihrem Schicksal überlasse, also dem Krieg aller gegen alle oder dem positiven Recht. Mit dem Neutralitätsprinzip werde die Politik zum Büttel dieser Repression gemacht. Das Prinzip der Äquidistanz sei ungerecht und begünstige Trittbrettfahrer.

Dem ist hinzuzufügen, dass Toleranz vielleicht ein angemessener Begriff für aufgeklärte, absolutistische Herrscher war, aber für rechtsstaatlich-demokratisch legitimierte Organe keine zulässige Kategorie mehr ist. Rechtsstaatlich-demokratisch legitimierte Organe sind an Verfassung, Gesetz und Recht gebunden (Art. 20 Abs. 3 GG). Soweit ihnen Ermessen eingeräumt ist, müssen sie sich an die üblichen Ausübungsregeln halten. Toleranz ist kein Rechtsprinzip, meint der Philosoph Rüdiger Bubner[32] treffend. Das positive Recht hat den Staatsorganen aus guten Gründen Toleranz versagt. Toleranz setzt eine erkennbare und als solche störende Zumutung voraus.[33] Häufig ist das ein Verstoß gegen religiöse oder moralische Normen. Es kann aber auch eine Rechtsverletzung sein. Deshalb kann das positive Recht Toleranz nicht zulassen. Toleranz kann auch nicht erzwungen, sondern nur freiwillig geleistet werden. Sie ist eine Tugend zwischen Bürgern. Im Argumentationsreservoir der Politik kann sie Willkür vorbereiten.

Für die Kruzifix-Entscheidung, aber auch für die Entscheidungen zur christlichen Gemeinschaftsschule folgt daraus, dass der Staat und damit das Bundesverfassungsgericht weder Toleranz üben noch Toleranz verlangen dürfen. Letztlich geht es im Fall des Kruzifixes um einen Streit zwischen religiöser Mehrheit und (a)religiöser Minderheit, um einen Religionsstreit. Auch die Areligiösen machen natürlich von ihrer

---

31 Toleranz (Fn. 1) S. 28 ff.
32 Dialektik (Fn. 29) S. 50.
33 Bubner, Dialektik (Fn. 29) S. 51.

Religionsfreiheit Gebrauch, von ihrem Recht, nicht mit Religion behelligt zu werden. Über religiöse Maßstäbe, den Streit zu entscheiden, verfügt der Staat nicht. Er ist nicht legitimiert, irgendetwas Religiöses zu sagen, und kann sich nur auf das positive Recht und auf das Gemeinwohl berufen. Die Grundfrage des Falles lautet daher richtig: Was kann den Angehörigen einer Minderheits-Religion zugemutet werden? Die Mehrheit hilft sich bekanntlich selbst. Da der Staat Toleranz weder erwarten noch verlangen darf, muss er nach seinem Recht im Interesse des Gemeinwohls entscheiden. Die Religionsfreiheit hilft ihm dabei nicht. Sie gilt sowohl für Religiöse wie für Religionsgegner, denen jede Religion Betrug am Volke ist. Den Religionsverächtern könnte aber zuzumuten sein, religiöse Zeugnisse hinzunehmen. Schließlich sollte man den Kölner Dom nicht abreißen müssen, weil er öffentlich das Lob Gottes verkündet. Das heißt, die Zumutbarkeit muss mit Funktion, Tradition und Kultur begründet werden.

III. Zumutbarkeit und Neutralität

Funktion, Tradition und Kultur sind jedoch offene Perspektiven, die spezifiziert werden müssen. Spezifiziert werden sie meist durch die Gegenstände, auf die sie angewendet werden, Recht, Politik, Wirtschaft und eben Religion. Religion ist jedoch schwerer zu begrenzen als die anderen gesellschaftlichen Bereiche. Ihr Universalitätsanspruch ist rigoroser. Religion will sich überall einmischen, weil sie, wie sich noch zeigen wird,[34] beim Selbstbewusstsein und nicht bei Handlungsfeldern ansetzt. Das hat zur Folge, dass man nicht einfach zwischen Religion und Nichtreligion unterscheiden kann, sondern auch die Verneinung von Religion, die Antireligion berücksichtigen muss. Antireligionen wie Marxismus, Nationalsozialismus oder Aufklärungsbewegungen wollen nicht einfach in ihrer Nichtreligiösität verbleiben, sondern Religion beispielsweise als „Opium des Volkes" aktiv bekämpfen. Ihnen gegenüber versagt die Unterscheidung zwischen positiver und negativer Religionsfreiheit.[35] Antireligiöse verhalten sich zur Religion wie konkurrierende Konfessionen untereinander und sind daher wie Religiöse zu behandeln. Streitigkeiten zwischen Religiösen und Antireligiösen sind Religionsstreitigkeiten, die der Staat prinzipiell nicht entscheiden kann und in die er nur auf Grund einer spezifischen politisch-

---

34 Unten zu Fn. 58.

35 Vgl. bereits Roman Herzog, Maunz-Dürig, GG, Stand November 1988, Art. 4 Rn. 55

rechtlichen Verantwortung regulierend eingreifen darf. Im übrigen muss er sie der öffentlichen Auseinandersetzung überlassen.

Was „spezifische Verantwortung" meint, verdeutlicht besonders gut der erste wichtige Fall, den das Bundesverfassungsgericht zur Religionsfreiheit entschieden hat. Ein antireligiöser Strafgefangener, ein extrem übler Bursche übrigens, hatte einem Mitgefangenen Tabak angeboten, wenn er aus seiner Kirche austrete. Wegen dieses Verhaltens wurde sein Gesuch, ihn bedingt aus der Strafhaft zu entlassen, abgelehnt. Das Bundesverfassungsgericht[36] hielt die Ablehnung mit Recht für verfassungsmäßig, obwohl die Religionsfreiheit auch antireligiöse Werbung umfasst. Im Tabak-Fall ergab sich in der Tat aus der Unausweichlichkeit der Strafhaft eine besondere Verpflichtung des Staates, die Identität der Strafgefangenen zu schützen. Der Staat musste dafür sorgen, dass die Strafgefangenen nicht genötigt wurden, Entscheidungen in einer für sie persönlich wichtigen Angelegenheit zu treffen, die sie nach ihrer Entlassung vielleicht bedauerten. Aus der Sicht des Staates hat diese Verantwortung freilich genau genommen mit Religion nichts zu tun. Im Tabak-Fall war sie letztlich allein durch die evidente Sittenwidrigkeit des Abwerbungsversuches begründet. Das zeigt, dass die Zumutbarkeit eigentlich nur die Kehrseite der Staatsverantwortung ist.

In dieser Perspektive sind auch die Schulgebets- und die Kruzifix-Entscheidung zu sehen. Der Schulgebetsfall[37] betraf die Frage, ob in einer Schulklasse vor Beginn des Unterrichtes ein gemeinsames Schulgebet gesprochen werden darf, wenn einer der Schüler widerspricht. Das Bundesverfassungsgericht hat die Frage bejaht, sofern der widersprechende Schüler durch die Nichtteilnahme am Gebet nicht in eine unzumutbare Außenseiterposition gedrängt werde. Diese Einschränkung betrifft den Kern des Problems. Die Schule hat gegenüber den Kindern nicht nur eine allgemeine erzieherische Verantwortung, sie muss auch berücksichtigen, dass die Kinder wegen der allgemeinen Schulpflicht schlecht ausweichen können. Aus beiden Gründen muss sie verhindern, dass Kinder in eine Außenseiterrolle geraten. Diese Gefahr ist besonders bei Konfessionsverschiedenheiten nicht gering einzuschätzen. Menschen, besonders Kinder, reagieren auf Absonderungen misstrauisch.[38] Andererseits ist es ausgeschlossen, Kinder vor Außenseiterpositionen überhaupt zu bewahren.[39] Die Schule muss auch Kinder aufnehmen, die sich schon äußerlich deutlich

---

36 BVerfGE 12, 1, 5.

37 BVerfGE 52, 223, 245, 249; dazu Ladeur/Augsberg, Toleranz (Fn. 1) S. 108 – 111.

38 Ich danke der erfahrenen Lehrerin Gerda Lambrecht, Mannheim, für fachliche Beratung.

39 Vgl. bereits BVerfGE 52, 223, 252.

von der Mehrheit unterscheiden (Art. 3 Abs. 3 GG). Verschiedenheiten
bergen immer die Gefahr, dass Einzelne oder kleine Gruppen in eine
Außenseiterrolle gedrängt werden. Diese Gefahr gehört zum Leben, und
Kinder müssen lernen, sich darauf einzustellen. Wenn nicht weitere
Umstände hinzu kommen, ist daher eine religiöse Außenseiterposition
für sich noch kein hinreichender Grund, ein gemeinsames Schulgebet
zu unterbinden.

Vergleicht man die Kruzifix-Entscheidung[40] mit dem Schulgebets-
Beschluss, so fällt auf, dass die Kruzifix-Entscheidung die Frage der
Zumutbarkeit des Kruzifixes für die a- oder anti-religiösen Schüler nicht
prüft. Zwar sieht das Gericht, dass Erziehung ohne Rückgriff auf christliche
Traditionsbestände schwer möglich ist, aber es hält am „missionarischen"
Charakter der religiösen Elemente fest und betrachtet ihre Integration
oder Benutzung im Unterricht wie eine religionspolitische Notlage. Wir
würden eher mit Klaus Berger den Abstand und die Geschichtlichkeit der
Traditionsbestände betonen. Die Frage, was von religiösen Ereignissen
bleibt, wenn man die religiöse Bedeutung ausblendet, kann jedoch offen
bleiben. Wenn ein sinnvoller Unterricht ohne Einbeziehung religiöser
Tatsachen nicht möglich ist, kann ein Schüler durch den Anblick eines
Kreuzes nicht ernsthaft beschwert sein. Er weiß ja, dass er im Unterricht
mit religiösen Tatsachen konfrontiert wird. Hinzu kommt, dass er dem
religiösen Anspruch durch historische Relativierung ausweichen kann.
Nimmt man alle Umstände und Möglichkeiten zusammen, wird man
sagen müssen, dass dem Schüler im Kruzifix-Fall zuzumuten war, den
Anblick des Kruzifixes hinzunehmen.

Dem Bundesverfassungsgericht ging es in der Kruzifix-Entscheidung
freilich nicht nur um die negative Religionsfreiheit, sondern auch um
Persönlichkeitsentwicklung: „Das Schulgeschehen ist darauf angelegt,
ihre [der Schüler] Persönlichkeitsentwicklung umfassend zu fördern
und insbesondere auch das Sozialverhalten zu beeinflussen. In diesem
Zusammenhang gewinnt das Kreuz im Klassenzimmer seine Bedeutung.
Es hat appellativen Charakter und weist die von ihm symbolisierten
Glaubensinhalte als vorbildhaft und befolgungswürdig aus".[41] Ladeur
und Augsberg[42] deuten diese Überlegungen so, „dass das Gericht der
‚negativen Religionsfreiheit' eine neue Schutzkomponente hinzu fügt:
während das Recht in der Vergangenheit vor dem Zwang schützen sollte,
ein religiöses Bekenntnis oder dessen Fehlen zu offenbaren, geht es hier
um das Recht, nicht durch (unverbindliche) religiöse Appelle belästigt zu

---

40 BVerfGE 93, 1, 22.
41 BVerfGE 93, 1, 20.
42 Toleranz (Fn. 1) S. 114.

werden – obwohl weder eine Ablehnung offenbart werden muss noch aus dem Schweigen auf eine religiöse Orientierung geschlossen werden kann." Diese Interpretation ist möglich, aber nicht zwingend. Wahrscheinlich wollte das Gericht nur die besondere Verantwortung des Staates für die Schüler betonen. Aber die Möglichkeit ist hinreichender Anlass, vor der Identifikation von Persönlichkeit und Religion zu warnen. Zunächst kann man niemanden in den Kopf sehen. Deshalb ist nie sicher festzustellen, ob die Ablehnung religiöser Symbole dem legitimen Wunsch entspricht, in Ruhe gelassen zu werden, oder ob sie Ausdruck einer anderen religiösen oder einer antireligiösen Überzeugung ist. Zum anderen ist das Anerkennungsverlangen der Person so universal wie die Regeln der Religion. Das führt zu einer fragwürdigen Umstrukturierung der Zumutbarkeit. Die Fragwürdigkeit zeigt schön ein Fall, den Samuel Huntington[43] berichtet. In Boise, Idaho, USA, steht seit 43 Jahren ein 22 Meter hohes Kreuz auf öffentlichem Grund. 1999 drängten Bürger darauf, das Kreuz zu beseitigen. Einer von ihnen, Brian Cronin, argumentierte: „Den Buddhisten, Juden, Muslimen und anderen Nichtchristen in Boise führt das Kreuz nur vor Augen, dass sie Fremde in einem fremden Land sind". Mit dieser Begründung könnte ein deutscher Muslim verlangen, den Kölner Dom abzureißen, und Schloss Neuschwanstein gleich mit, weil beides nicht zur Geschichte seiner Gruppe gehört und ihn zum Fremden macht. Huntington setzt denn auch auf einen Schelm anderthalbe: „Mr. Cronin (…) traf den Kern der Sache. Amerika ist ein vorwiegend christliches Land mit einer weltlichen Regierung. Nicht-Christen sehen sich zu Recht als Fremde, weil sie oder ihre Vorfahren in das ‚fremde Land' gekommen sind, das von Christen gegründet und bewohnt wurde, genau wie Christen zu Fremden werden, wenn sie nach Israel, Indien, Thailand oder Marokko ziehen". In der Tat ist schwer einzusehen, wie ein Einzelner oder eine Gruppe von Einzelnen von einer Nation soll verlangen können, ein nationales Merkmal zu verbergen oder aufzugeben. Mit anderen Worten, die Identifikation von Person und Religion ist tendenziell totalitär. Sie führt dazu, Zeugnisse der Religion in der Öffentlichkeit zu unterdrücken, dadurch die Religionsfreiheit nachhaltig einzuschränken und ein Stück Kultur aufzugeben. Die Zumutbarkeitsfrage „löst" sie dadurch, dass sie die Antwort in den Willen des Einzelnen stellt und den Wert von Tradition und Kultur ausblendet. Darauf kann man in der Tat nur wie Huntington mit der Faktizität der Geschichte antworten und die Person negieren. Der nächste Religionskrieg lässt dann nicht lange auf sich warten. Wenn man

---

43 Who Are We? Die Krise der amerikanischen Identität, deutsch, München 2006, S. 113; vgl. auch Ladeur/Augsberg, Toleranz (Fn. 1) S. 61 – 65.

ihn vermeiden will, muss man Person und Religion deutlich unterscheiden. Religion ist als ausdifferenziertes, autonomes System zu betrachten, das vom rechtlichen und politischen Standpunkt aus als kontingent, als zufällig zu sehen ist.

Es waren wiederum Ladeur und Augsberg, die das Problem auf den dogmatischen Begriff gebracht haben. Religion wirke in derselben Gesellschaft wie Recht und Politik. Religionsfreiheit bedeute deshalb, Religion davor zu schützen, dass Recht und Politik sie erneut überwältigten wie unter dem NS-Regime. In einem liberalen Staat werde dieser Schutz durch Grundrechte erreicht. Als subjektive Rechte gewährleisteten die Grundrechte zugleich, dass sich die geschützten Bereiche institutionalisieren und organisieren könnten. Die subjektive Religionsfreiheit ermögliche insofern die objektiven Einrichtungen Religion und Kirchen.[44] Daran könne der Staat nicht vorbei gehen. Er müsse Religion als kollektives Phänomen wahrnehmen und bewerten. Dazu gehöre die Einsicht, dass die Religionen und ihre Mitglieder mit ihrer Umwelt kommunizierten und dadurch die Kultur im Sinne von Kultiviertheit förderten. Die Religion habe in einer langen Evolutionsgeschichte das „gemeinsame Wissen" entscheidend bereichert und eine Gesellschaft, die sich auf Ungewissheit eingelassen habe, nachhaltig stabilisiert. In der Tat gibt es kaum eine bedeutende Einrichtung der modernen Gesellschaft, die sich nicht dem Christentum verdankt. Die personale Gotteskindschaft hat uns eine Vorstellung vom Individuum und die Menschenrechte geschenkt, die Gottesebenbildlichkeit die Bildung, die Wahl der Päpste und Bischöfe den Gedanken, dass man politische Ämter auch durch Wahl besetzen kann, der kanonische Prozess eine Rationalisierung des Verfahrensrechtes und die Legeshierarchie die rechtliche Bindung des Staates.

Dann folgt bei Ladeur und Augsberg ein Satz, der das herkömmliche Neutralitätsverständnis revolutionär vom Kopf auf die Füße stellt: „Wenn und soweit man die Freiheit des Glaubens nicht verkürzend und gegen das religiöse Selbstverständnis auf eine allein individuelle Dimension reduzieren will, muss man den minoritären Glaubensgemeinschaften zumuten, sich ihre Rolle in der Gesellschaft gewissermaßen zu erarbeiten. Das schließt eine undifferenzierte Gleichbehandlung aller Religionen aus. Es legt sich vielmehr hier ein Vergleich mit dem Grundsatz der gewichteten Gleichbehandlung der Parteien im Parteienrecht nahe: Parteien werden in der Darstellung im öffentlich-rechtlichen Fernsehen bei der Vergabe von Sendezeiten für Wahlkampfzwecke nicht formal gleich behandelt,

---

44 Ladeur/Augsberg, JZ 2007 S. 14 und 16, vor allem unter Berufung auf Niklas Luhmann, Grundrechte als Institution, 2. Aufl. Berlin 1974.

sondern es wird ihnen Wahlsendezeit entsprechend ihrem Gewicht in der Öffentlichkeit zugeteilt".[45]

Der besondere Charme dieses Konzeptes ist, dass es völlig ohne religiöse Aussagen auskommt und Kultur zwar in der Vergleichsperspektive, aber mit einem deutlichen normativen Akzent sieht. Auf das gemeinschaftliche Handeln kommt es an, auf die traditionsgestützte Mehrheitsmeinung, grob und politisch unkorrekt gesagt: auf die friedliche Leitkultur. Das können Gerichte entscheiden. Da es sich nicht um religiöse Aussagen handelt, dürfen sie dazu auch Fachleute hören, sogar Theologen. Wichtig ist, die beiden Autoren haben zwischen Politik und Religion eine Distanz geschaffen, die der realen Selbständigkeit der beiden Systeme nahe kommt. Gerade diese Distanz, diese Nichtidentifikation erlaubt es der Politik, die Religion so auf Gemeinwohlbelange abzuklopfen wie die Wirtschaft oder das Erziehungssystem.

IV. Religion in der Gesellschaft

Aber bei allem Respekt vor der Leistung der beiden Autoren, ein Unbehagen meldet sich. Wo bleibt die Religion? Vermutlich in der Mehrheitsmeinung. Vom Recht aus gesehen ist diese Zuordnung eine angemessene Lösung, solange man die Leute nicht abstimmen lässt. Von der Religion aus gesehen ist die Mehrheitsmeinung kein geeigneter Platz. Die Mehrheitsmeinung neigt dazu, mit ihrer einfachen Abzählerei komplexere Wahrheiten zu verdrängen. Und was mit diesen Wahrheiten geschieht, ist völlig offen. Machen sie sich in Sekten bemerkbar oder als Fundamentalismen, als unantastbare und deshalb undiskutable Werte, in ziellosen Massenprotesten? Oder können jene Wahrheiten nicht wieder auftauchen, weil es sie in Wirklichkeit nicht gibt?

Nach der sozialen Wirklichkeit der Religion ist in der Tat zu fragen. Die Antwort fällt schwer. Eines kann man aber sagen: geistiger Gehalt und äußeres Erscheinungsbild[46] sind mit Sicherheit so wenig zureichende Kriterien für Religion wie Kirche. In einem Buch mit dem bezeichnenden Titel „Kann man auch ohne Kirche glauben?"[47] hat Klaus Berger die Kirche mit einem Schiff verglichen und das Meer mit der Weite und Größe des Geheimnisses Gottes. Darin steckt eine tiefe Wahrheit. Das

---

45 Ladeur/Augsberg, JZ 2007 S. 17; vgl. auch Ladeur/Augsberg, Toleranz (Fn. 1) S. 84 ff.
46 BVerfGE 83, 341, 353; vgl. dazu BVerfGE 104, 337, 353 ff. (Schächten)
47 Gütersloh 2000, S. 13 ff.

Bild zeigt vor allem, dass man Schiff und Meer verwechselt, wenn man annimmt, Kirche sei Religion. Kirche ist die innerweltliche Organisation von Religion. Als solche ist sie wichtig, weil sie Religion an die Gesellschaft anschließt, so wichtig, dass die Theologen versuchen müssen, Kirche mit Religion zu versöhnen. Berger[48] schließt sein Buch denn auch mit einer „Vision von Kirche", die mit dem Satz beginnt: „Die Kirche der Zukunft ist eine, die jedem einzelnen dadurch Heimat ist, dass sie ihm in der Absolution glaubwürdig die Erfahrung vermittelt, von je eigener Schuld freizukommen". Einen solchen Gedanken hat das Recht aber schon deshalb nie denken können, weil es seine eigenen Normen und Verfahren der Schuldabwicklung hat.

Damit sind die Wege versperrt, auf denen sich Recht und Religion begegnen könnten, bis auf zwei. Der erste noch offene Weg ist die Bezugnahme auf die gemeinsame Einheit Gesellschaft. Als Mitglieder dieser Gesellschaft dürfen wir fragen: Was bedeutet Religion für die Gesellschaft? Oder: Was ist das gesellschaftliche Problem, das die Religion lösen soll? Beim Recht wissen wir das ungefähr. Recht soll öffentlich anerkannte Erwartungen sichern[49] und dadurch den Frieden fördern. Im Falle der Religion ist schon die Frage problematisch.[50] Religion tritt mit universalen, also prinzipiell grenzenlosen Ansprüchen auf. Alles ist dem religiösen Urteil ausgesetzt. Diese Universalität muss man notwendig relativieren, wenn man Religion auf ein Problem der Gesellschaft beziehen will. Die Relativierung ändert aber die Religion und verfälscht dadurch die Frage nach der Religion. Sie ist deshalb unzulässig. Oder von der Religion aus gesehen: Die Gesellschaft hat, ja, ist Geschichte. Gott – nehmen wir ihn als Metapher für Religion überhaupt – Gott ist unendlich und hat keine Geschichte, nicht einmal Probleme. Gott beobachtet die Gesellschaft, ob ihr das passt oder nicht. Und es gibt kein gesellschaftliches Problem, das er nicht kennt. Deshalb ist es sinnlos, nach dem Warum Gottes zu fragen. Eine Antwort könnte sich nur auf die Bedürfnisse der Gesellschaft beziehen. Gott aber ist jeder Gesellschaft voraus. Diese Asymmetrie kann man nicht dadurch aufheben, dass man die Existenz Gottes bestreitet. Das können und dürfen Recht und Politik bekanntlich nicht. Außerdem: Die Leugnung Gottes brächte zwar die Frage: Warum überhaupt Religion?, in der westlichen Kultur zum verschwinden, aber eben auch die Religion. Die fiele uns erst wieder ein, wenn religiöse Eiferer etwas Unsägliches anstellten. Das heißt, im Verhältnis zur Religion ist es schwer, die Position eines außenstehenden Beobachters zu erreichen. Ein Außen gibt es nur,

---

48 Kirche (Fn. 47) S. 224.
49 Niklas Luhmann, Das Recht der Gesellschaft, Frankfurt a. M. 1993, S. 131 ff.
50 Grundlegend Luhmann, Religion (Fn. 7) Kapitel 3.

wenn man sich auf den Standpunkt eines anderen Systems stellt, etwa des Rechtes, und natürlich gegenüber Konfessionen oder Kirchen. Dass Tariq Ramadan[51] gegen Ende seiner Überlegungen die Unterscheidung zwischen Religion und Kultur aufgegeben hat, entspricht gleichsam der Natur der Sache.

Dieser grundsätzliche Einwand gilt nicht ohne weiteres für die vor allem von Hermann Lübbe[52] vertretene Theorie, Funktion der Religion sei die Praxis der Kontingenzbewältigung, also die Eröffnung der Möglichkeit, Zufälligkeiten sinnhaft in das eigene Handeln zu integrieren. Diese Theorie verlangt mehrere begriffliche Vorentscheidungen, die Lübbe auch korrekt trifft, die hier aber nicht im einzelnen diskutiert werden können. Lübbes Religionsverständnis jedoch betrifft den Kern des Problems und lässt sich nicht ausblenden. Lübbe will Religion historisch-soziologisch und funktional beschreiben. Dabei stellt er fest, dass viele Aufgaben, die früher die Religion erfüllt hat – Personenstandskontrolle, Erziehung, Gesundheits- und Armenpflege – im Verlauf der Säkularisierung auf die im Staat organisierte Politik übergegangen sind und dort teilweise besser erfüllt werden als von der Religion. Daraus schließt er, Religion sei „das, was im Differenzierungsprozeß unserer sozialen Evolution den religiösen Einrichtungen als eine säkular nicht substituierbare Funktion exklusiv verbleibt. Kontingenzbewältigung ist die hier von den Soziologen übernommene Kennzeichnung für genau diese Funktion".[53] Das gelte natürlich auch umgekehrt. Was die fragliche Funktion erfülle, sei Religion.

Diese Überlegungen überzeugen nicht ganz. Die Religion bleibt unterbestimmt. Einmal ist ihr Verhältnis zur Geschichte nicht geklärt. Wenn sich die religiöse Funktion im Laufe der Entwicklung herausgemendelt hat, bleibt offen, was die Entwicklung heute und künftig mit ihr anstellt. Zum anderen wird die Funktion negativ bestimmt als etwas, das nicht etwas anderes ist. Die Funktion selbst wird nicht festgelegt. Schließlich leuchtet nicht ein, inwiefern die derzeitigen Aufgaben der religiösen Einrichtungen mit Kontingenzbewältigung treffend beschrieben sind. In der westlichen Welt beschäftigen sich die religiösen Einrichtungen traditionell mit der Unterscheidung zwischen Diesseits und Jenseits. Diese Unterscheidung gilt zwar Ungewissheiten, aber einer Art, die man schlecht kontingent nennen kann. Der Tod ist gewisser als die meisten wissenschaftlichen Wahrheiten. Vor allem wird nicht deutlich, worauf sich

---

51 Oben bei Fn. 17.

52 Religion (Fn. 15) bes. S. 160 – 178, 227; derselbe, in: Rendtorff (Fn. 29) bes. S. 172 ff.

53 In: Rendtorff (Fn. 29) S. 176; vgl. auch derselbe, Religion (Fn. 15) S. 227.

Kontingenz bezieht, auf das Individuum oder auf die Gesellschaft. Manche Ansätze deuten darauf hin, dass Zufälligkeit als Problem des Einzelnen gemeint ist, als „Unverfügbarkeit des Daseins".[54] Intendiert ist aber die Beschreibung eines gesellschaftlichen Problems. Nur gelingt Lübbe die Transformation nicht. Das sagt er selbst.: „Was verändert sich denn, … wenn einer, statt unter der Bedingung unverfügbarer Daseinskontingenz einfach dazusein, überdies noch in den uns kulturgeschichtlich vertrauten Formen religiösen Verhaltens sich dazu in eine sie explizit annehmende Beziehung setzt?"[55] Diese Frage könne man nur beantworten, wenn es gelinge, die Fülle religiösen Lebens in einen Satz zusammenzufassen, und das sei kaum möglich. Ob es solche Möglichkeiten gibt, lassen wir offen. Bemerkenswert ist Lübbes Konzept wegen der Konsequenz, mit der er versucht, den Universalitätsanspruch der Religion zu unterlaufen, und dabei scheitert. Aber das Scheitern zeigt, worauf es ankommt. Wenn man Religion bestimmen will, muss man einen einigermaßen festen Halt außerhalb der Religion haben.

Als ein solcher Halt gilt heute die biologisch-naturwissenschaftliche Beobachtung der Menschen.[56] Wenn man Religion nicht über die Einheit der Gesellschaft begreifen kann, ist das der zweite Weg, auf dem man es versuchen muss. Zwar ist Gott auch allen Menschen voraus. Die naturwissenschaftliche Perspektive kann das aber zugeben und offenlassen. Sie will nur das Verhalten des menschlichen Körpers beobachten, also das, was jeder sieht, gläubig oder nichtgläubig. Auch die Frage nach der Gemeinschaftlichkeit brauchen wir nicht zu beantworten. Wir können uns an Gemeinsamkeiten orientieren. Alle Menschen haben einen Körper, sprechen miteinander und pflanzen sich miteinander fort. Das macht sie so ähnlich, dass man von „dem Menschen" sprechen kann. Die körperbezogene Beobachtung ermöglicht es der Biologie, Menschen und Affen in der Ordnung der Primaten zusammenzufassen. Die Einheit der Ordnung zwingt aber auch dazu, die Lebewesen zu vergleichen und führt letztlich zu der Frage: Was unterscheidet den Menschen vom Tier? Die Biologen antworten heute: fast nichts. Die nichtmenschlichen Primaten haben vielmehr bereits „die wesentlichen Grundlagen vorsprachlichen Denkens" entwickelt.[57] Das ist plausibel. Man braucht sich nur die Haustiere anzuschauen.

---

54 Vgl. besonders die Beschreibung der Realität religiösen Lebens in Lübbe, Religion (Fn. 15) S. 115.

55 Lübbe, Religion (Fn. 15) S. 224.

56 Dazu jüngst Eckart Voland, Nichts ist vom Himmel gefallen. Religionen als Naturprodukt, FAZ vom 7. Dezember 2006 Nr. 285 S. 34.

57 Christian Vogel, Trends der Primatenentwicklung, in: derselbe, Anthropologische Spuren. Zur Natur des Menschen, hrsgg. von Volker Sommer, Stuttgart/ Leipzig 2000, S. 39.

Deren Körper ist so komplex aufgebaut wie der Körper des Menschen. Also müssen sich auch die biologischen Pläne und Konstruktionen ähneln. Interessant wird aber die Frage: Wenn sich Menschen und Tiere so ähnlich sind, wodurch unterscheiden sie sich dann? Die Antwort muss unklarer ausfallen als die Frage, weil nur ein Mensch sie geben kann, der natürlich befangen ist. Aber sie ist doch verhältnismäßig einhellig.[58] Die Menschen haben ein Geschichtsbewusstsein und damit auch ein Wissen um den eigenen Tod entwickelt, das die Tiere nicht zu haben scheinen.[59] Das Geschichtsbewusstsein ermöglicht es einerseits, Erfahrungen zu sammeln und sich in der Zufälligkeit des Vorher und Nachher zu orientieren, ist aber andererseits kontraproduktiv, weil die Grenzenlosigkeit der Geschichte die Grenzen der eigenen Existenz und der Ordnung, in der man lebt, nur umso schärfer ins Bewusstsein hebt. Zugleich zeigt das Geschichtsbewusstsein, dass wir über das, was jenseits der Grenzen unseres Lebens und Denkens liegt, schlechterdings nichts sagen können. Wir kennen es nicht. Der Einzelne könnte sich vielleicht trotzdem orientieren, indem er Stationen seines bisherigen Lebens markiert. Aber Selbstgespräche und individuelle Biographien sind nicht gesellschaftliche Kommunikation. Für die Gesellschaft ist der Einzelne in seiner Jeweiligkeit nicht erkennbar. Aus diesem Grund will Niklas Luhmann[60] auf jedes anthropologische Argument als Antwort auf die Frage nach der Funktion der Religion verzichten. In der Tat können bloße Körperlichkeit und Individualität diese Frage nicht beantworten. Aber die Körperlichkeit kann zeigen, wie sie entsteht und dass sie unausweichlich ist: als Selbstbewusstsein, das mit den eigenen Grenzen zu kämpfen hat. Die Bezugsgröße ist also nicht Kontingenz schlechthin, sondern Kontingenz jenseits des Erreichbaren. Bliebe die Frage nach diesen Grenzen wirklich offen, so wäre die Kommunikation in der Gesellschaft empfindlich gestört. Deshalb hat die Gesellschaft für das Reden über absolute Grenzen hinaus ein eigenes System entwickelt: die Religion. Das heißt, Religion soll und muss Kommunikation auch dann noch ermöglichen, wenn sie eigentlich nicht mehr möglich ist.[61] Religion soll unbeantwortbare Fragen beantworten.

---

58 Vgl. Werner Becker, Das Dilemma der menschlichen Existenz, Stuttgart/ Berlin/Köln 2000, S. 16 ff.; Jan Assmann, Tod und Jenseits im alten Ägypten, München 2001, S. 3; Norbert Elias, Über die Einsamkeit der Sterbenden in unseren Tagen. Humana conditio, Frankfurt a. M. 2002, S. 11.

59 Christian Vogel, Die biologische Evolution der Kultur, in: derselbe, Spuren (Fn. 57) S. 67.

60 Religion (Fn. 7) S. 139. Die Zurückweisung der Anthropologie ist aber theoriebedingt. Sie findet sich ähnlich in Luhmann, Recht (Fn. 35) S. 124.

61 Im Ergebnis meint das auch Luhmann, Religion (Fn. 7) S. 141.

Die Religion selbst kann mit dieser Beschreibung freilich nicht ein-
verstanden sein.[62] Unbeantwortbarkeiten, die die Gesellschaft für solche
erklärt, sind mit ihrer Funktion und mit ihrem Universalitätsanspruch
prinzipiell nicht vereinbar. Sie kann nur die Unlösbarkeit von Problemen
anerkennen, die sich religionsintern entwickeln. Aber gerade diese Selbst-
bezogenheit setzt sie in Stand, auf die gesellschaftliche Unterscheidung
zwischen beantwortbaren und nicht beantwortbaren Fragen zu verzichten
und alle gesellschaftlichen Fragen aufzunehmen.

Das religiöse Paradoxon ist selbstverständlich keine Aufforderung
zum Credo quia absurdum, sondern die Beschreibung eines Problems,
die beansprucht, für alle Religionen zu gelten und ein klares Kriterium
für die Unterscheidung zwischen Religion und Nichtreligion zu bieten.
Religion hat es mit Grenzen zu tun, deren andere Seite nicht zu erkennen
ist, also nicht einfach mit Ungewissheiten, sondern mit Schicksalen, nicht
einfach mit Entscheidungen, sondern mit Perspektiven, nicht einfach
mit Zufällen, sondern mit Geschichten. Das religiöse Paradoxon eröffnet
Politik und Recht auch die Möglichkeit, die Bedeutung von Religionen
zum Beispiel nach ihrer Integrationsleistung einzuschätzen, wie Ladeur
und Augsberg das eindrucksvoll entwickelt haben. Ferner wird der
universale Geltungsanspruch religiöser Aussagen verständlich. Im Reich
des Unbekannten gibt es von Anfang an keine Regelmäßigkeiten. Ohne
Regelmäßigkeiten ist Kommunikation aber nicht möglich. Also muss die
Religion sie mit universalen Aussagen herstellen. Außerdem lassen sich
Religionen unterscheiden. Wahrscheinlich kommen Offenbarungsreligionen mit komplexen gesellschaftlichen Bedingungen besser zurecht als
Naturreligionen. Offenbarungsreligionen können die Entwicklung der
Gesellschaft mit großen Geschichten begleiten.

Für das Verhältnis zwischen Recht und Religion ergeben sich daraus
drei Grundregeln.

Erstens. Das Recht muss anerkennen, dass Religion die gesellschaftliche
Aufgabe hat, die denknotwendig unbekannten anderen Seiten der Grenzen
des Lebens und Denkens kommunikabel zu machen. Umgekehrt muss
Religion anerkennen, dass das Recht den Frieden durch Erwartungssicherung fördert.

Zweitens. Da Religion eine gesamtgesellschaftliche Aufgabe hat, kann
letzter Maßstab für die Beurteilung von Streitigkeiten zwischen Religion
und Staat oder zwischen Bürgern in Religionssachen nicht das Grundrecht
des Einzelnen, sondern nur die Erfüllung der Aufgabe der Religion sein.
Die Religionsfreiheit ist nicht gewährleistet, damit der Einzelne selig

---

62 Vgl. Dietrich Bonhoeffer, Über die Religionslosigkeit, in: Gert Otto (Hrsg.),
Glauben heute, Hamburg 1965, S. 213 – 223, 216.

werden kann, – dazu kann weder der Staat noch die Verfassung etwas sagen – sondern damit sich Religion in ihrer gesellschaftlichen Funktion entfalten kann.

Drittens. Religion als grundsätzliche Grenzüberschreitung lässt sich nicht organisieren. Sie muss aber organisiert werden, weil sie sich sonst nicht an die Gesellschaft anschließen könnte. Grundsätzlich gilt Ähnliches auch für Gerechtigkeit, Wahrheit, Liebe und Wohlstand. Aber die Religion hat es mit der Organisation schwerer als die anderen Werte, weil sie nicht an Handlungsfelder, sondern an Geschichtsbewusstsein anknüpft und deshalb nicht als lebensnotwendig erscheint.[63] Man kann auch existieren, wenn man religiös unmusikalisch ist. Wegen dieser Schwäche neigt Religion dazu, entweder ihre Organisation an die jeweils vorherrschenden politischen Muster anzulehnen oder ihre Mitglieder in prinzipieller politischer Opposition zu versammeln. Dieser sekundären Politisierung der Religion müssen Recht und Politik entgegen treten, aber auf dem Markt der öffentlichen Meinung, nicht in der Schule. Schulen sind Bildungseinrichtungen und keine Kulturkampfarenen. Das müssen auch Minderheiten akzeptieren.

---

63 Dazu eindringlich Bonhoeffer, Religionslosigkeit (Fn. 62) S. 218 f.